REDLINE WIRTSCHAFT

Scholz & Friends (Hrsg.)

Lore's Law

Für alle, die es mit anderen Menschen
zu tun haben

REDLINE WIRTSCHAFT

Scholz & Friends (Herausgeber)
Lore's Law
Das Gesetzbuch des gesunden Menschenverstandes
Die zehn Grundsätze der Dresdner Hausfrau Lore Schumann, mit denen ein Unternehmen, eine Revolution und eine gute Suppe gelingen. Mit Anmerkungen von Kurt Biedenkopf, Christoph Keese und Sebastian Turner

Frankfurt: Redline Wirtschaft, 2005
ISBN 3-636-01039-5
Redaktionelle Betreuung: Sven Sochaczewsky

http://www.redline-wirtschaft.de

Scholz & Friends AG, Chausseestraße 8, Aufgang E, 10115 Berlin
Tel. +49 30 59 00 53-112, E-Mail: info@s-f.com
http://www.s-f.com

Umschlag: Olaf Schumann

Ein Unternehmen der Süddeutscher Verlag Hüthig Fachinformationen
Bildnachweis: Prof. Siegfried Klotz, Dresden
Satz: Scholz & Friends
Druck: Himmer, Augsburg
Gestaltung: Olaf Schumann, Dresden
Printed in Germany

Danke, liebe Lore! 6
Die überfällige Ehrung einer
deutschen Heldin.
Von Sebastian Turner

Lore Schumann 12

Lore's Law 18

Ein Konzern ist auch nur eine 40
Küche. Lore's Law lehrt uns Intuition,
und hat Recht. Zehn Belege.
Von Christoph Keese

Gesunder Menschenverstand als 70
Standortvorteil. Lore's Law verrät
mehr als viele Lehrbücher.
Von Ministerpräsident a. D.
Kurt Biedenkopf

Die Autoren 89

Danke, liebe Lore!
Die überfällige Ehrung einer deutschen Heldin.
Von Sebastian Turner

Wenn du das liest, wird es dir ein wenig peinlich sein, so wie es dir unangenehm war, auf der Bühne zu stehen. Das vollbesetzte Deutsche Theater in Berlin hatte dich dort hinauf applaudiert, als die überraschten Gäste erfuhren, wer die wahre Gründerin unseres Unternehmens ist: eine liebenswürdige Dresdner Ruheständlerin, die in der ersten Reihe saß und gar nicht ahnte, was ihr dort bei der Jubiläumsfeier einer Werbeagentur widerfuhr.

Wir haben uns kennen gelernt in deiner Küche in der Mathildenstraße in Dresden. Die Mauer war gerade gefallen und drei Studenten löffelten deine Suppe. Dein

Sohn Olaf, Thomas Heilmann und ich. Wir wollten in der selbstbefreiten DDR ein Unternehmen gründen, wir hatten weder Berufserfahrung noch Geld. Aber wir hatten dich!

Wenn herauskommt, welche Bedeutung du für den Erfolg unserer Gründung hattest, wird man die Gründerzentren dicht machen und dafür Pflichtkurse an deinem Küchentisch verschreiben. Dabei ist dein Geheimnis gar kein Geheimnis, sondern nur der gesunde Menschenverstand und ein großes Herz. Aber was heisst da „nur"! Was für Begründungen hört man, wenn kopf- und herzlos gehandelt wird. Sie müssen nicht wiederholt werden, um durch dich und dein Leben entlarvt zu werden. Deiner Berufung – der Kunst – konntest du nicht folgen, weil dir ein Studium verboten war. Du hattest beim ersten Volksaufstand in der DDR, am 17. Juni 1953, als junges Mädchen in Dresden mitprotestiert und so half es nicht, dass deine Begabung unübersehbar war. Der kopf- und herzlose Staat widerrief die Zulassung der Kunstakademie. Später sollten deine beiden Söhne in mehrjährige politische Haft geraten. Für deinen Mann und dich bedeutete das nicht nur den langen Verlust der Kinder, sondern auch viele Qualen im Alltag. Ihr verlort beide sofort eure Arbeit, Bekannte mieden euch, der Staat nahm sich euer Häuschen. Weil deine Söhne dann in den Westen entlassen wurden, warst du sicher, sie erst als Rentnerin auf Westbesuch wieder sehen zu können. Als 1989 die Ungarn den Stacheldraht zum Westen als Erste zerschnitten und in Dresden, Leipzig und schliesslich in Berlin die Menschen auf die Straße gingen, warst du dabei. Mit einer Kerze, deinem Mann und viel Mut. Niemand konnte wissen, ob die Staatsmacht friedlich bleiben würde oder wie 1953 Panzer rollen würden. (Tatsächlich wurden in Dresden viele Demonstranten von der Staatsmacht misshandelt und inhaftiert.) Bevor sich Legenden breit machen, soll hier festgehalten werden, wer die deutsche Einheit wirklich gemacht hat: Revolutionäre wie du!

Man stellt sich eine erfolgreiche Umstürzlerin nicht unbedingt als freundliche Dame vor, zwei Köpfe kleiner als ihr Sohn, mit leiser Stimme und einnehmendem Lachen. Aber dass man dir das Revolutionäre so gar nicht ansieht, war wohl einer der Gründe für das Gelingen der ersten erfolgreichen deutschen Revolution.

Als wir in deine Wohnung einzogen, lag diese Heldentat gerade hinter dir. Im lange verwaisten Kinderzimmer rollten wir unsere Schlafsäcke aus, in der Küche wurden morgens Pläne geschmiedet und abends sahen wir uns wieder an deinem gedeckten Tisch.

Du wurdest sogar erste Inhaberin. In der siechen DDR unter dem letzten ungewählten Ministerpräsidenten Hans Modrow musste jedes neue Unternehmen mehrheitlich einem DDR-Bürger gehören. Eine versteckte Lebensversicherung für viele Apparatschiks, die sich auf diesem Wege westlichen Firmen aufzunötigen wussten. Dein Sohn Olaf war zwar in Dresden geboren, aber er wurde nach der Haft von seiner Geburtsstadt nicht als Bürger anerkannt. Natürlich warst du bereit, vorübergehend als Inhaberin einzuspringen. (Das Unternehmen hat sich dann so erfolgreich entwickelt, dass du heute mit Mann, Sohn,

Schwiegertochter, Enkelin und Hund in den eigenen vier Wänden wohnst.)

Aus der Dreimannundeinefrau-Gesellschaft von 1990 ist inzwischen ein ganz normales Unternehmen geworden, aus dem Kinderzimmer in Dresden wurde ein geräumiger Fabrikbau in Berlin.

Es ist aber immer noch deine Firma.

Damit das so bleibt, haben wir deine Grundsätze aufgeschrieben und als Lore's Law herausgegeben. Es kommt von Herzen und ist das Gesetzbuch des gesunden Menschenverstandes, mit dem erwiesenermaßen alles gelingen kann: ein Unternehmen, eine Revolution und natürlich eine gute Suppe.

Danke!

Lore Schumann

Prof. Siegfried Klotz: Lore Schumann,
Öl auf Leinwand, Dresden 2000.
Das Gemälde hängt im Eingangsbereich der
Agentur Scholz & Friends in Berlin.

Lore Schumann

Lore Schumann wurde 1937 in Dresden geboren. Sie heiratete 1958 Winfried Schumann und wurde Mutter von Axel (*1959) und Olaf (*1961). Ihre Zulassung zum Kunststudium wurde widerrufen, weil sie am Volksaufstand 1953 teilgenommen hatte. Nach der Inhaftierung ihrer beiden Söhne aus politischen Gründen verloren sie und ihr Mann ihre Arbeit als Bauingenieure. Bis zum Ruhestand war sie als Heimarbeiterin tätig. Sie nahm an den Protestdemonstrationen 1989 teil. Nach dem Fall der Mauer kehrte ihr Sohn nach Dresden zurück und brachte seine beiden Studienfreunde Thomas Heilmann und Sebastian Turner mit. In der Wohnung der Familie gründeten sie eine Werbeagentur, die ein Jahr später Teil der *Scholz & Friends*-Gruppe wurde und ein weiteres Jahr später nach Berlin zog. Olaf Schumann kehrte 2001 von Berlin nach Dresden zurück und kaufte das enteignete Haus der Familie zurück, in dem er heute mit Eltern, Frau und Kind lebt. Thomas Heilmann und Sebastian Turner übernahmen im gleichen Jahr die Leitung der in 19 Ländern tätigen Agenturgruppe Scholz & Friends. Lore's Law wurde erstmals 2001 als firmeninternes Grundgesetz von Scholz & Friends aufgelegt.

Lore's Law

§ 1

Was man nicht
mit Freude
macht, macht
auch anderen
keine Freude.

§ 2

Einfach ist
nicht einfältig,
sondern besser
als schwierig.

§ 3

Wenn etwas
nicht klappt,
fängt man eben
noch mal an.

§ 4

Bevor man fertig
ist, muss man
erst mal richtig
anfangen.

§ 5

Wenn man das
Gefühl hat,
da stimmt etwas
nicht, dann
stimmt das
meistens...

§ 6

Der Bauch soll
nur entscheiden,
wenn er vorher
was Ordentliches
bekommen hat.

§ 7

Wenn man
etwas nicht weiß,
fragt man.

§ 8

Man muss immer
so reden, dass
einen der andere
versteht und
man sich selbst
aber auch.

§9

Wenn man kein
Geld hat, kann
man sich nichts
Teures kaufen,
aber wünschen.

§ 10

Wenn man
etwas bekommt,
sagt man Danke.

Ein Konzern ist auch nur eine Küche.
Lore's Law lehrt uns Intuition, und hat Recht. Zehn Belege. *Von Christoph Keese*

Zum ersten Mal habe ich Lore Schumanns Namen Anfang der 90er Jahre in einem verfallenen Dresdner Villenviertel gehört. Mein Auto war das einzige, das an diesem Wintermorgen unter der Kastanie parkte, weit und breit kein Mensch, nach dem Klingelschild musste man eine Weile suchen. Sebastian Turner, Olaf Schumann und Thomas Heilmann öffneten in Pullovern die Tür: „Sorry, die Heizung ist ausgefallen."

An den Wänden lehnten stapelweise Broschüren für eine Babycreme namens Elasan, Berge von Papier lagen herum, überall hingen Skizzen an den Wänden, dazwischen standen die Schreibtische. Falls es überhaupt Mitarbeiter gab, waren sie gerade verschwunden. In einem Nebenzimmer lagen Schlafsäcke. Echter Gründergeist herrschte hier, alle packten mit an, Dünkel oder Hierarchie spielten keine Rolle, nur harte Arbeit zählte. So sah sie also aus, die sagenhafte unternehmerische Freiheit in Sachsen, wo es keine großen Etats gab und die meisten Leute „Reklame“ sagten, wenn sie „Werbung“ meinten.

„Riesenfortschritt, diese Wohnung für uns“, sagte Turner und rieb sich die Hände vor Kälte. „Bei Lore wurde es einfach zu eng.“ Lore? „Olafs Mutter. Lore Schumann. Die hat uns Unterschlupf geboten in den ersten Monaten.“

Dass Lore den drei Gründern nebenbei einige wichtige Lektionen fürs Leben erteilt hatte, sagte Turner nicht. Davon hörte ich erst später bei einer Besprechung in Berlin. Scholz & Friends Dresden hatte sich für einen Auftrag der „Berliner Zeitung" beworben, und ich sollte als Geschäftsführender Redakteur die Vorverhandlungen führen. Wir waren uns fast einig, es ging nur noch ums Geld. Heilmann rief einen astronomischen Stundensatz auf. Ich winkte ab. Die Verhandlung drohte zu scheitern, da machten Heilmanns Kollegen Anstalten, mir beim Preis entgegen zu kommen. Doch Heilmann fiel ihnen ins Wort: „Entschuldigung. Wir müssen uns mal eben beraten." Die drei verschwanden im Nebenzimmer. Eine Viertelstunde später tauchten sie mit entschlossenen Mienen wieder auf: „Wir bleiben bei dem Preis", sagte Turner. „Es gibt keinen Rabatt. Wir sind eine junge Agentur, aber wir leisten so viel wie die Alteingesessenen. Deshalb ist es das gleiche wert." Auch in den folgenden Runden gaben sie nicht nach – und gewannen den Auftrag trotzdem. Ihre Leistung war das Geld wert, und die „Berliner Zeitung“ bekam gute Werbung. Die Jungwerber spielten in der Oberliga, mit ihrer Sturheit machten sie das klar.

Was war geschehen? Woher diese Chuzpe? Lore hatte ihnen zugesetzt. Lange Monate Dauerbeschuss mit Hausfrauenregeln taten ihre Wirkung: „Wenn man das Gefühl hat, da stimmt etwas nicht, dann stimmt das meistens. Wenn man kein Geld hat, kann man sich nichts Teures kaufen, aber wünschen“ – das müssen die drei sich bei ihrer Besprechung im Nebenzimmer gedacht haben. Wahrscheinlich hatte Lore ihnen auch gesagt: „Was keinen Preis hat, hat keinen Wert“ (auch wenn das nicht offiziell zu den zehn Regeln zählt). Lebensweisheiten wie diese machten Scholz & Friends Dresden groß.

Die Firma wuchs schnell, die Gründer übernahmen die Leitung der Muttergesellschaft, gründeten weitere Töchter und bauten einen kleinen Konzern auf. Heute ist Scholz & Friends ein lebendes Beispiel für die Richtigkeit von „Lore's Law".

Gerade weil die Regeln schlicht sind, sind sie wahr. Angeblich lernt man ja alles, was man als Manager braucht, bereits im Kindergarten. Verlässlichkeit und Bescheidenheit, Demut, Ehrlichkeit und Vernunft, Selbstbewusstsein, Dankbarkeit, Freundschaft, Augenmaß und Fingerspitzengefühl sind Dinge, ohne die niemand auf Dauer Erfolg haben kann.

Lore Schumann hat nie ein Unternehmen geleitet, ihr Haushalt taugt dennoch als Vorbild für Unternehmen. Konzerne funktionieren im Kern nicht anders als eine

Dreizimmerwohnung mit Küche und Bad. Erfolgreich ist man nur, wenn man Mensch bleibt, auch wenn zehntausend Leute für einen arbeiten.

Trotzdem weckt kein anderes Talent in Managern so viel Misstrauen wie Intuition. Aus dem Bauch heraus zu entscheiden gilt als unprofessionell. Wer im Geschäftsleben etwas gelten will, belegt seine Entschlüssen mit Tabellen, Diagrammen, Analysen und Umfragen. Neuen Orangensaft testet man an tausend sorgsam ausgewählten Vorkostern, Persil-Werbespots kommen nicht ins Fernsehen, bevor sie an Hausfrauen ausprobiert wurden und eine Stadt taugt als Standort für eine Chipfabrik erst dann, wenn sie auf der Excel-Tabelle nach fünfzig Kriterien alle anderen Kandidaten aus dem Feld geschlagen hat. Zweihundert Jahre nach

Immanuel Kants Tod hält die Aufklärung die Entscheider im Griff. Alles muss vernünftig sein, und vernünftig ist nur, was logische Gründe hat, dem Chef sofort einleuchtet und Ärger mit dem Wirtschaftsprüfer vermeidet. Lore Schumann schlägt ein Gegenmodell vor. Was heißen ihre zehn Regeln für die Praxis?

§1

Was man nicht mit Freude macht,
macht auch anderen keine Freude.

Seltsamerweise funktionieren Produkte, die am grünen Tisch erfunden und intensiv in der Marktforschung getestet werden, oft nicht auf dem Markt. Eigentlich dürfte das nicht passieren, denn die Methoden der Marktforschung sind heute so verfeinert, dass den Wissenschaftlern kein Gefühl der Konsumenten verborgen bleibt.

Und dennoch floppen viele der aufwändig getesteten Produkte. Warum? Weil Probanden in der Marktforschung keine Visionen entfalten können, sondern ein neues Angebot immer nur mit ihrem gegenwärtigen Set von Überzeugungen bewerten. Fragen im Konjunktiv wie zum Beispiel „Was für ein neues Auto hätten Sie denn gerne?“ funktionieren nicht, alles muss konkret sein.

Synthetische Marktforschungs-Produkte orientieren sich deswegen meist an Gegenwart und Vergangenheit. Die wirklich großen Erfolge, die eine neue Sparte begründen oder eine Branche nach vorne bringen, kommen eher aus kleinen Teams begeisterter Visionäre, die auf Marktforschung pfeifen und einfach nur das tun, was ihnen Spaß macht. Solche Innovationen bereiten anderen Leute später meist ebenfalls Spaß. Gute Beispiele für den Erfolg des Verfahrens sind der Apple-Musikabspieler iPod, der Porsche Cayenne und der Jumbojet 747. Konsumenten, Konkurrenz und die potenziellen Kunden sahen diese Produkte anfangs sehr skeptisch. Als iPod, Cayenne und 747 dann auf den Markt kamen, begeisterten sie die Kundschaft.

Hinter dem Erfolg steckten anfangs kleine Teams, die aus Begeisterung handelten. Erst später kamen industrielle Strukturen hinzu.

§ 2

Einfach ist nicht einfältig,
sondern besser als schwierig.

Keep it simple and stupid – das „Kiss"-Prinzip war schon immer ein Garant für Erfolg. Konsumenten müssen sofort verstehen, zu welcher Kategorie ein Produkt gehört, was eine Zeitschrift von ihnen will oder worin die Idee einer neuen TV-Serie besteht.

Die amerikanische Actionserie „24", einer der ganz großen Erfolge der vergangenen Jahre, basiert auf einer simplen Idee, die mit einem Wort ausgedrückt ist: Echtzeit. In den BMWs der neuen Generation sind alle wichtigen Funktionen der Elektronik zusammengefasst in einem schlichten Gerät: dem Joystick. Hinter dem Handy steckt ein primitiver Gedanke: unterwegs telefonieren. Wer mehr als zwei Worte braucht, um den Kern seines Produkts zu beschreiben, erlebt auf dem Markt meist ein Fiasko.

„Quam", der gescheiterte Mobilfunker, zeigte in seiner Startwerbung eine sonnenüberflutete Wiese mit hübschen Blumen – sonst nichts. Noch nicht einmal das Wort „Quam“ wurde erklärt, es hätte auch eine neue Olivenöl- oder Quarkmarke sein können. Vermutlich wussten die Quam-Leute selbst nicht, was sie von anderen Anbietern unterscheidet. Was man aber selbst nicht weiß, kann man anderen nicht beibringen. Die Fähigkeit, in knappen Worten zu sprechen, ist in den meisten Fällen ein Indiz für einen hohen Grad an geistiger Durchdringung des eigenen Geschäfts.

§3

Wenn etwas nicht klappt,
fängt man eben noch mal an.

Erfolg hat meist nicht der Geniale, sondern der Entschlossene. Gute Produkte bestehen nur zu einem Bruchteil aus der ursprünglichen Idee und zu 98 Prozent aus der geschickten Umsetzung. Als Josef Neckermann seinen Versandhandel startete, war die Idee schnell erzählt: „Ich spare den Leuten den Weg ins Geschäft, besonders auf dem Land. Sie können die Ware bequem zu Hause aussuchen und bei Nichtgefallen zurückgeben." Bis zum funktionierenden, profitablen Versender war es aber ein weiter Weg.

Hinfallen gehörte bei Neckermann zum Geschäft. Wer Erfolg haben will, muss immer wieder aufstehen. Auch Computer-Maus-Hersteller Logitech startete mit einem frühen Erfolg, kam dann in Schwierigkeiten und fand durch Hartnäckigkeit wieder aus der Krise heraus.

Selbst schwerste Krisen sind kein Grund zum Aufgeben.

§ 4

Bevor man fertig ist, muss man erst mal richtig anfangen.

Lores schwächste Regel. Eine Tautologie mit Schein-Paradoxon, so ähnlich wie „Regnen tut es erst, wenn wirklich Wasser vom Himmel fällt." oder „Richtig reich wird man nur, wenn ordentlich Geld fließt."

Allerdings liegt auch in dieser Regel ein Kern Wahrheit. Immer wieder gibt es Beispiele von Produkten, die auf den Markt kommen, bevor sie fertig sind. Berüchtigt ist die Software-Industrie. Viele Microsoft-Programme wurden mit Fehlern ausgeliefert und mussten hastig repariert werden.

Firmengründer Bill Gates, heutiger Chef-Software-Architekt, verordnet seinem Unternehmen deswegen in regelmäßigen Abständen Wochen, in denen die Programmierer nur an der Beseitigung von Fehlern arbeiten sollen. Bei der Autoindustrie ist dieser Prozess des „De-Bugging" fest in die Entwicklung eingebaut – jedes neue Modell muss mindestens einen simulierten Lebenszyklus im Labor aushalten, bevor es auf den Markt kommt.

§5

Wenn man das Gefühl hat, da stimmt etwas nicht, dann stimmt das meistens...

Die wichtigste Regel in Lores Gesetzbuch. Sie beschreibt, wie wichtig Intuition ist. Laut Lexikon ist Intuition (lateinisch intuitio: Anblick, Anschauung) eine spontane Erkenntnis, die nicht auf begrifflicher Reflexion basiert, sondern die Fähigkeit des Geistes darstellt, Sachverhalte unmittelbar zu erfassen. In der griechischen Philosophie spielt Intuition bei Pythagoras eine große Rolle. Auch in der christlichen Denkschule stellt die Intuition ein wesentliches Mittel zur Erkenntnis Gottes dar, Vorreiter sind die Philosophen Baruch Spinoza und Henri Bergson. Spinoza hält Intuition für die höchste Form der Erkenntnis. Sie ist der empirischen Erkenntnis überlegen (die auf Sinneswahrnehmung basiert), steht aber auch über der wissenschaftlichen Erkenntnis (die auf Urteilen aufgrund von Erfahrung beruht). Das intuitive Wissen von Gott und die Einsicht, dass die Welt „unter dem Gesichtspunkt der Ewigkeit" steht, vermittelt dem Menschen laut Spinoza das Verständnis eines geordneten und einheitlichen Universums.

Der Franzose Henri Bergson unterscheidet zwischen Intellekt und Intuition. Für ihn eignet sich der Intellekt zur Erkenntnis der materiellen Welt, aber nicht dazu, das Wesen des Lebens zu erfassen. Intuition ist bei ihm der „Instinkt, der ohne Interesse ist, selbstbewusst und fähig dazu, seinen eigenen Gegenstand zu reflektieren und ihn unendlich zu erweitern".

Wie wichtig Intuition in der Unternehmenspraxis ist, zeigt sich täglich aufs Neue. Zwei Typen von Managern und Mitarbeitern konkurrieren miteinander. Auf der einen Seite der Analytiker, der jedes Problem in seine Bestandteile zerlegt, Tatbestandsmerkmale herausarbeitet, seine empirischen Beobachtungen auswertet und auf dem Wege des Deduktionsschlusses zu einem Ergebnis kommt. Das ist gründlich, dauert aber lange und ist oft frei von Esprit und Kreativität. Auf der anderen Seite steht der Intuitive, der Probleme auf einen Blick erfasst und dem Lösungen „einfach so“ einfallen. Gegenüber dem Analytiker gerät der Intuitive im firmeninternen Wettbewerb oft ins Hintertreffen, weil er seine Schlussfolgerungen nicht zwingend logisch begründen kann. Seltsamerweise bringen aber oft die Intuitiven die erfolgreicheren Produkte hervor. Zum Beispiel rettete Steve Jobs, ein Prototyp des Intuitiven, die Computerfirma Apple durch genialische Produktideen, nachdem seine analytisch denkenden Vorgänger gescheitert waren. In Musik, Film und Fernsehen gibt es zahlreiche vergleichbare Beispiele, aber auch in der Auto- und Chemieindustrie.

Die BASF wurde zum Beispiel von einem jungen Schulabbrecher namens Friedrich Engelhorn gegründet, der sich in den Kopf gesetzt hatte, Teerfarben auf den Markt zu bringen und damit in wenigen Jahrzehnten zum Weltmarktführer aufstieg. Werner von Siemens besorgte sich aus einer Intuition heraus die Lizenz für die Produktion von Glühlampen in Deutschland, verlegte Telegraphenleitungen, erfand den Zeigertelegrafen und die Dynamomaschine. Dabei folgte er seiner inneren Stimme – einer der wichtigsten Konzerne Deutschlands entstand, weil Siemens seiner Intuition folgte.

Analytiker tun Intuition gerne als Hokuspokus ab. Damit verkennen sie die Kraft des assoziativen Denkens. Intuition entspringt direkt der Architektur des menschlichen Gehirns und verläuft biologisch natürlicher als Analyse. Das Gehirn mit seinen Milliarden Zellen, vielen dezentralen Einheiten und einer auf Assoziation spezialisierten Großhirnrinde ist bestens darauf eingerichtet, Fakten und Probleme

„auf einen Blick“ zu erfassen und einzelne Eindrücke auf überraschende Weise neu zu kombinieren. Kreativität ist nichts anderes als die ungewohnte Verknüpfung bereits bekannter Dinge. Intuition funktioniert wie ein Parallelcomputer, in dem tausende von Prozessoren an unterschiedlichen Aufgaben arbeiten. Einen Zentralprozessor, der Entscheidungen fällt, gibt es nicht. Jedes Ergebnis, das irgendwo entsteht, muss sich im Wettbewerb gegen andere durchsetzen – und das stärkste gewinnt.

Im Kopf des intuitiven Denkers vollzieht sich dieser Prozess in Sekundenschnelle, so schnell, dass er selber gar nicht weiß, warum er plötzlich diese eine gute Idee hatte. Wenn Analytiker Intuition als minderwertig abtun, dann spricht aus ihren Worten nichts anderes als Ignoranz und

Neid. Besser sollten sie auf Lore hören: Wenn ihr Gefühl ihnen sagt, dass etwas nicht stimmt, dann stimmt das meistens.

§6

Der Bauch soll nur entscheiden, wenn er vorher was Ordentliches bekommen hat.

Stimmt, gutes Essen ist immer wichtig. Vordringlichste Aufgabe eines Kapitäns ist es, für zünftige Verpflegung an Bord zu sorgen. Kein Einzelfaktor außer dem Gehaltsniveau bestimmt die Stimmung in einer Firma so stark wie das Erscheinungsbild der Kantine und die Qualität der Gerichte. Trotzdem führt das deutsche Sprichwort von den untrüglichen Entscheidungen des Bauches etwas in die Irre. Auch bei so genannten Bauchentscheidungen entscheidet der Kopf und nicht der Bauch. Wer alleine auf seinen

Bauch hört ohne seinen Kopf vorher mit Informationen zu füttern, der scheitert meist. In allen Angelegenheiten des Gehirns gilt: Input gleich Output – was nicht hineingeht, kommt auch nicht heraus.

Sich in sein Zimmer einzuschließen und auf Eingebung zu warten, bringt in den meisten Fällen nichts; eher produziert solche Isolation krasse Fehlbeurteilungen der Wirklichkeit. Menschliche Gehirne sind Assoziationsmaschinen, die von der Stimulation durch äußere Eindrücke leben. Schon ein längerer Krankenhausaufenthalt senkt nachweislich den Intelligenzquotienten, weil es im Krankenhaus zwar Fernsehen gibt, aber die Interaktion mit anderen Menschen zu kurz kommt. Einzelhaft senkt spürbar die Geisteskraft, und zu den größten Lügen der Geistesgeschichte zählt, dass Goethe und Schiller ihre Meisterwerke alleine in der Dichterstube geschrieben hätten, geküsst angeblich nur von den Musen und ihrem eigenen Genie.

Das Gegenteil ist wahr: Goethe und Schiller brauchten Interaktion und Information wie das tägliche Brot. „Faust" ist nichts anderes als die ziemlich geniale Verarbeitung Millionen äußerer Eindrücke und daraus gezogener Schlussfolgerungen. Damit die Hochleistungsmaschine Gehirn gut funktioniert, braucht sie Nährstoffe und die richtige chemische Umgebung. Gutes Essen liefert beides.

§7
Wenn man etwas nicht weiß, fragt man.

Erfolg ist nichts anderes als die Synchronisierung der Vorstellungen von Käufer und Verkäufer. Jeder Hersteller eines Produkts erhofft sich den Durchbruch und will große Auflagen verkaufen, doch nur den wenigsten gelingt es. Wer es schafft, hat seinen potenziellen Kunden genau zugehört. Ihre Wünsche will er nicht nur erfüllen, sondern übertreffen.

Die „Süddeutsche Zeitung" brachte als erster deutscher Zeitungsverlag die Sehnsucht nach guter Literatur in Zusammenhang mit Sammelleidenschaft. Herausgekommen ist die SZ-Bibliothek: fünfzig Bände mit den wichtigsten Romanen des 20. Jahrhunderts, alle in ähnlicher Aufmachung und zum sensationell niedrigen Preis von 4,90 Euro.

Das Konzept, importiert aus Italien, revolutionierte den Buchmarkt und machte Auflagen möglich, die für anspruchsvolle

Literatur als unerreichbar galten. Entwickelt hat das Konzept die italienische Zeitung „La Republicca“. Sie steckte in einer wirtschaftlichen Krise und brauchte dringend einen durchschlagenden Erfolg. Was tat sie, als sie nicht mehr weiter wusste? Sie fragte ihre Kunden und erfüllte ihre geheimen Wünsche. So perfekt kann das funktionieren, wenn man gut zuhört.

§ 8

Man muss immer so reden, dass einen der andere versteht und man sich selbst aber auch.

Georg Christoph Lichtenberg (1742-1799), der bedeutende Schriftsteller und Aphoristiker, hat einmal gesagt: „Man benutze gewöhnliche Worte, um ungewöhnliche Dinge zu sagen.“ Produkte, die einer komplizierten Beschreibung bedürfen, sind entweder Investitionsgüter, die sich an einen kleinen Kreis von Experten richten, oder zum Scheitern verurteilt, wenn sie versuchen, den Massenmarkt zu erobern.

Alle großen Hits der Konsumwelt sind mit wenigen Worten beschrieben, die jeder Mensch in jedem Land auf Anhieb versteht. Beispiele? Nike sind Sportutensilien für Leute, die nicht in Trainingsanzügen durch die Fußgängerzone laufen, sondern wirklich Sport treiben („Just do it"). Audis sind Autos, die der Konkurrenz technisch überlegen sind („Vorsprung durch Technik"). Microsoft schreibt Programme, die den Menschen produktiver machen („Where do you want to go today?"). RTL ist gute Unterhaltung, die „Tagesthemen" sind seriös, „Spiegel"-Leser wissen mehr, der „Stern" schafft Überblick.

Jeder Produktmanager sollte den Lichtenberg-Test machen: a) Ist meine Ware wirklich ungewöhnlich? b) Beschreibe ich ihre Vorzüge tatsächlich mit gewöhnlichen Worten? Und jeder Konsument kann die Schlagkraft dieser Regel an sich selbst ausprobieren.

Testfrage: Welches Produkt, mit dem ich wirklich zufrieden war, hat seine Leistung mit komplizierten Sätzen angepriesen? In den meisten Fällen wird die Antwort lauten: Bestimmt gibt es eines, aber ich kann mich nicht daran erinnern.

Warum nicht? Weil komplizierte Beschreibungen nicht im Gedächtnis haften bleiben und die Tatsache, dass man sich nicht erinnern kann, der beste Beweis für das Versagen des Produktmanagers ist.

§9

Wenn man kein Geld hat, kann man sich nichts Teures kaufen, aber wünschen.

Nachfrage ist prinzipiell unendlich, Geld aber immer knapp. Nach diesem Naturgesetz funktioniert die Marktwirtschaft. Gerät ein Teil dieses Satzes aus dem Gleichgewicht, bricht die Volkswirtschaft zusammen.

Beispielsweise in der DDR war die Nachfrage auch unendlich groß, das Geld aber nicht knapp. Es herrschte versteckte Inflation, weil der Geldmenge keine ausreichend große Warenmenge gegenüber stand. Die Regierung lullte das Volk mit einem Gefühl von Pseudo-Wohlstand ein, indem sie zu viel Geld in Umlauf gab. Gleichzeitig scheiterte sie bei dem Versuch, genügend Konsumgüter herzustellen.

Frische Nachfrage zu wecken ist nichts Unmoralisches. Im Gegenteil: Wenn Geländeautos wie Cayenne oder Touareg gebaut werden, die in der Stadt eigentlich niemand braucht, die aber zum Träumen verführen, belebt das die Volkswirtschaft. Oder wenn Yachten für zehn Millionen Dollar entstehen, Luxushotels wie in Heiligendamm gebaut werden oder Plasma-TV-Schirme mit zwei Metern Diagonale auf den Markt kommen. Konkrete Produkte wecken konkrete Phantasie, die dazu angeregt, selber höhere Werte zu schöpfen, um sich das erträumte Gut leisten zu können. Steigt die eigene Wertschöpfung bei allen Berufstätigen der Republik, klettert der Wohlstand auf eine neue Ebene. Wünschen, Träumen und Sehnen sind die Triebfedern von Wohlstand und Zivilisation.

§10
Wenn man etwas bekommt,
sagt man Danke.

Gute Unternehmen machen gute Werbung. Großartige Unternehmen aber machen ihre Kunden zu Anteilseignern an der gemeinsamen Sache. Sie werfen nicht einfach nur Produkte auf den Markt, sondern schaffen ein Klima von Aufbruch und Begeisterung. Wer eine Bluse von H&M, Laufschuhe von Nike, einen Anzug von Brioni oder ein Auto von Porsche kauft, der gibt sein Geld gerne weg, weil er es gegen das Gefühl eintauscht, Teil einer weltweiten, anbetungswürdigen Gemeinschaft zu sein.

Kluge Markenartikler greifen dieses Gefühl auf und bestärken ihre Kunden darin, oft auch, indem sie in ihrer Werbung oder

Öffentlichkeitsarbeit ganz offen „Danke" sagen. Zum Beispiel Mercedes dankt seinen Kunden an vielen Stellen, von den aufwändig gestalteten Showrooms über Händlerbriefe bis zur klassischen Werbung. Ein ehrlicher Dank erleichtert dem Gebenden das Geben und schafft die Aufnahmebereitschaft für ein anderes kurzes Wort, das jede Firma hin und wieder aussprechen muss: Entschuldigung!

Zehn Regeln stecken in Lore's Law, und die meisten von ihnen sind hilfreich für Manager. Beim Lesen der Gesetze hat man das Gefühl, sie irgendwo schon einmal gehört zu haben. Darin liegt ihr Geheimnis. Sie sind universell – und gelten für die Küche der Schumanns in Dresden genauso wie für den Vorstandssaal von DaimlerChrysler in Stuttgart.

Gesunder Menschenverstand als Standortvorteil. Lore's Law verrät mehr als viele Lehrbücher.

Von Ministerpräsident a. D. Kurt Biedenkopf

Als Thomas Heilmann, Olaf Schumann und Sebastian Turner sich nach dem Fall der Mauer in Dresden einquartierten und eine Agentur gründeten, zog es auch mich nach Sachsen. Ich kam nicht, wie die drei hungrigen Studenten, von der Universität, sondern hatte mit 60 Jahren bereits Jahrzehnte in der Schule des Lebens verbracht und Erfahrungen gesammelt, gute und schlechte. Ich wollte auch keine Agentur gründen. Ich wollte in Leipzig Studenten der altehrwürdigen Alma Mater Lipsiensis helfen, sich auf die neue Zeit und die deutsche Einheit vorzubereiten. Im Dezember 1989 hatte ich Kurt Masur, den Kapellmeister des Gewandhauses in Leipzig besucht. Er gehört nicht nur zu den bedeutendsten Dirigenten der Welt, sondern damals auch zu den einflussreichsten Bürgern der Stadt. Auf meine Frage, wie ich den Deutschen in der DDR helfen könnte, mit dem Umbruch fertig zu werden, den sie selbst – gerade in Leipzig – beförderten, hatte er geantwortet: „Sie müssen hier Gastprofessor werden, dann sind Sie einer von uns."

Als ich am gleichen Abend meine Frau anrief, um meine Überraschung mit ihr zu teilen, stand es für sie fest, dass ich diesen Rat befolgen musste. Das habe ich dann auch getan. In meiner Lage war es eine ähnlich abenteuerliche Entscheidung wie die von Jürgen Scholz, mit den drei Studenten in Dresden eine Agentur zu gründen. Und sie erwies sich in ähnlicher Weise, als das wohl klügste Investment, das ich in meinem Leben je getätigt habe. Ihm verdanke ich nicht nur zwölf Jahre, in denen ich mehr gelernt habe als in allen anderen vergleichbaren Lebensabschnitten: über das Land, in dem ich lebe, über Deutschland und seine Geschichte, über die Bewältigung eines alle Lebensbereiche erfassenden Transformationsprozesses. Ich fand bisherige Erfahrungen ebenso bestätigt wie die Leistungsfähigkeit meiner ordnungspolitischen Vorstellungen und meines wissenschaftlichen und praktischen Wissens.

Vor allem aber entdeckte ich Sachsen und seine Menschen. Wir fanden zueinander. Sie überzeugten mich von ihren Qualitäten. Vieles von dem, was ich in dieser Zeit erlebt habe – durch Learning by Doing – hat mir die Weisheit erschlossen, die sich im Laufe der Jahrhunderte sächsischer Geschichte im Common Sense der Sachsen, in ihrem durch Erfahrung und Einsicht gereiften „gesunden Menschenverstand" angesammelt hat. Vieles davon ist treffend zusammengefasst in Lore's Law, dem Gesetz der Sachsen.

Weil mir die Arbeit für Sachsen Freude machte – und noch macht -, macht sie auch anderen Freude. In diesem ersten Gesetz aus Lore's Law steckt mehr Einsicht über die Grundlagen fruchtbarer Zusammenarbeit, über Motivation und Einsatzbereitschaft als in vielen Lehrbüchern zum gleichen Gegenstand. Als wir anfingen, das durch die deutsche Teilung und die kommunistische Herrschaft zurückgeworfene Land zu erneuern und wieder aufzubauen, hatte keiner von uns eine Ahnung, wie man den Übergang von kommunistischer Unfreiheit in Freiheit, von Planwirtschaft in Marktwirtschaft, von Teilung in Einheit bewältigt. Es gab weder Vorbilder noch Lehrbücher. Wir mussten improvisieren und ohne Bauplan gestalten. Ich war Ministerpräsident in Sachsen, Lernender und Lehrer, Chef der Regierung und Anwalt der Sachsen, wenn es darum ging, sie vor der Überwältigung durch den starken und reichen Westen und vor der Unwissenheit und Überheblichkeit vieler Westdeutscher zu schützen. Welch eine Aufgabe! Sie musste Freude machen, sonst konnte sie nicht gelingen.

Vor allem jedoch erlebten wir die Weisheit des zweiten Gesetzes aus Lore's Law: „Einfach ist nicht einfältig, sondern besser als schwierig." Ein sächsischer Unternehmer hatte dieses Gesetz in abgewandelter Form Anfang der 90er Jahre auf einer der ersten, noch improvisierten Messen mit einem Schild an seinem kaum fünf Meter breiten Stand verkündet. Dort stand geschrieben: „Fortschritt ist der Weg vom Primitiven über das Komplizierte zum Einfachen." Wenige Sätze habe ich im Kampf mit Bürokratien, unnötigen Gesetzen und Verordnungen und schlichter geistloser Routine häufiger zitiert als diesen.

Lore's Law hätte in seiner Klarheit und Präzision und seiner durch Lebenserfahrung bestätigten Verbindlichkeit wohl schwerlich in einem anderen Land Deutschlands und unter anderen als den Bedingungen des Umbruchs und der Erneuerung so formuliert werden können. Seine Einsichten sind Ausdruck des Landes selbst, seiner Geschichte, seiner industriellen und kulturellen Vergangenheit und Gegenwart und der Stärke seiner Identität. Diese besondere Identität Sachsens als eine der ältesten staatlich verfassten Regionen Deutschlands entdeckten die Sachsen nicht erst mit der Vollendung der deutschen Einheit wieder. Sie war trotz der Auflösung des Landes, erst durch die Nationalsozialisten und – nach einem kurzen Intervall nach 1945 – durch die Kommunisten immer vorhanden. Und sie wurde schon in den ersten Tagen des Oktobers 1989 wieder sichtbar.

Es waren die gewaltigen friedlichen Demonstrationen in Leipzig, in Dresden und vielen Orten des Landes, mit denen die Sachsen auf die letzten Zuckungen der alten Herrschaft, auf deren gespenstige Aufmärsche in Berlin zum 40. Jahrestag der DDR antworteten. Was mit ihnen begann, sich im Zusammenbruch der

Berliner Mauer fortsetzte und zur Einheit des geteilten Deutschlands führte, war nicht eine Wende, sondern eine Revolution auch gegen die Unterdrückung der Eigenständigkeit, Identität und Würde des Landes Sachsen.

Die Menschen, die sie auslösten, wollten frei sein und ihr Leben in ihrem Land wieder selbst bestimmen. Als Helmut Kohl im Dezember 1989 Dresden besuchte und zum ersten Mal auf dem Boden der DDR eine Rede an Bürgerinnen und Bürger der DDR hielt, demonstrierten die Sachsen den Willen zur eigenen Identität. Die Hundertausenden, die sich versammelt hatten, schwenkten nicht nur schwarz-rotgoldene, sondern auch weiß-grüne Fahnen. Helmut Kohl war noch lange beeindruckt von dieser kraftvollen Äußerung des Willens zur Selbstbehauptung Sachsens.

Die Kraft für ihre Selbstbefreiung und den Weg in eine gemeinsame Zukunft erwuchs den Sachsen aus ihrem Vertrauen in die eigenen Fähigkeiten, aus dem Glauben an das eigene Land, seine Geschichte, seine wirtschaftlichen Leistungen, seine wissenschaftliche und kulturelle Bedeutung. Sie waren überzeugt von seiner Fähigkeit, sich auch nach schweren Rückschlägen und Verlusten zu erneuern und seinen Platz im Reigen der deutschen Länder wieder einzunehmen.

Es sind diese Kraft und Entschlossenheit der Sachsen und die beispiellose Solidarität aller Deutschen in den Jahren seit dem 3. Oktober 1990, die das Fundament bildeten, auf dem allein der Aufbau und die Erneuerung des Landes gelingen konnte. Vielen, die nach der Wende nach Sachsen kamen, hat sich diese Kraft mitgeteilt, auch den „hungrigen Studenten“ in Lore Schumanns Quartier.

Ganz anders als es sich in der öffentlichen, insbesondere der politischen Diskussion in Deutschland darstellt, war die Wiedervereinigung nicht in erster Linie eine wirtschafts-, sozial- und finanzpolitische Aufgabe.

Ihre Erfolge sind vielmehr untrennbar mit der Bereitschaft der Menschen selbst verbunden, der Alten wie der Jungen, Frauen und Männern, alte Erfahrungen abzulegen und neue zu erwerben. Der Entschlossenheit, sich neuen Aufgaben und Herausforderungen zu stellen. Dem Willen, die Unsicherheiten und Unwegbarkeiten eines radikalen Umbruchs aller Lebensverhältnisse nicht als Bedrohung, sondern als Chance, als Möglichkeiten anzunehmen. Und der Fähigkeit, den Zweifeln und Ängsten, die jeden Umbruch begleiten, das Selbstbewusstsein entgegen zu setzen, das aus der bisherigen Lebensleistung erwächst und die Sicherheit, welche der Stolz auf das eigene Land und die Identität ihm verleihen.

Schon während meiner Zeit als Gastprofessor in Leipzig lernte ich diese sächsischen Fähigkeiten und ihre Bedeutung für die kommenden Herausforderungen kennen. Dass es sie gibt, machte mir Mut, auch später für die Entscheidung, Verantwortung für das Land zu übernehmen. Aber mir wurde auch deutlich, wie wichtig der aufrechte Gang für Menschen sein musste, denen ohne ihre Schuld die Chance vorenthalten worden war, ihr Land nach dem verheerenden Krieg in Freiheit wieder aufzubauen. Wäre Deutschland nicht geteilt worden: Sachsen wäre heute eines der leistungsfähigsten und wohlhabendsten Länder Deutschlands, Geberland im Finanzausgleich und an der Spitze technischer, wissenschaftlicher und kultureller Entwicklungen. So aber mussten die Sachsen mit der Einheit scheinbar mit leeren Händen in das geeinte Deutschland zurückkehren, angewiesen auf die Solidarität der großen Mehrheit der Deutschen, denen es gegeben war, ihren Teil Deutschlands in Freiheit wieder aufzubauen.

Wer auf dem Weg zur inneren Einheit nicht nur die wirtschaftlichen, die sozialen und die finanziellen Dimensionen sah, der musste erkennen: Viele begannen, nach einer Zeit der Freude über die Einheit, sich als Menschen zweiter Klasse zu fühlen. Viele liefen Gefahr, den Mut und ihren Stolz als Sachsen zu verlieren. Und nicht wenigen aus Westdeutschland fiel es schwer zu begreifen, dass die überlegene Haltung des erfahrenen und wissenden Westdeutschen und die dauernde Erwartung von Dankbarkeit sich nur schwer mit der Würde derer vereinbaren ließ, die ohne Schuld auf das Wissen und die Solidarität anderer angewiesen waren. Ich wollte den Menschen in Sachsen helfen, ihren Stolz auf dem schwierigen Weg zur Einheit nicht zu verlieren. Hunderte Sächsinnen und Sachsen haben meiner Frau und mir nach dem Ende meiner Amtszeit als Ministerpräsident versichert, dass uns das gelungen sei. Es ist für uns das schönste Geschenk meiner Amtszeit.

Wer Kraft hat, aber kein Selbstvertrauen, bringt nichts zustande. Wer Kraft und Selbstvertrauen besitzt, kann Bäume ausreißen. Die Sachsen haben in den vergangenen Jahren, seit dem Aufbruch in die Freiheit, die sprichwörtlichen Bäume ausgerissen. Sie haben ihr Land wieder aufgebaut. Sie haben die blühenden Landschaften geschaffen, über die zu Beginn von all denen gelästert wurde, die keine Geduld hatten oder ihre politische Polemik für wichtiger hielten als die Ermutigung der Menschen. Sie haben die gesamtdeutsche Solidarität nicht enttäuscht, sondern mit ihren Leistungen gerechtfertigt. Man kann nur fördern, wo etwas aus eigener Kraft entstehen will.

Überall in Sachsen fanden sich Menschen, die etwas unternahmen und damit zu Unternehmern wurden. Nicht alle waren erfolgreich. Aber der Mehrheit gelang der Weg in bestehende und neue Märkte: im eigenen Land, in Deutschland, in Europa und in der Welt. Die Sachsen sind wieder da, in traditionellen Märkten und in neuen. Und sie haben Erfolg. Als es beim Wiederaufbau um den richtigen Weg ging, mussten wir entscheiden: Folgen wir dem Westen nach – und machen damit auch die gleichen Fehler – oder fragen wir uns: Wie müsste Deutschland und seine Wirtschaft im Jahre 2015 aufgestellt sein?

Wir haben uns für den zweiten Weg entschieden. Er erweist sich zunehmend als der richtige Weg. Ihm verdankt es der Freistaat Sachsen, dass seine Automobil-Industrie in Deutschland und Europa wieder ein Wort mitzureden hat und dass das Land zugleich über den bedeutendsten Standort für Mikroelektronik in Europa verfügt. Weil sie auf dem Weg ins Wissenszeitalter sind, wissen die Sachsen um die Bedeutung einer guten Ausbildung für ihre Kinder. Sie bemühen sich um immer bessere Schulen und sind bereit, mehr pro Kopf für Hochschulen auszugeben als andere Länder. Sie wissen um die Bedeutung der Kultur für ihr Land und sind bereit, mehr Geld für das kulturelle Leben bereit zu stellen als andere Länder – und dennoch weniger Schulden zu machen. Kurz: Die Sachsen wissen, dass die Zukunft ihres Landes auf drei Säulen steht: der Wirtschaft, der Wissenschaft und der Kultur.

Weil sie dies wissen, ist das Land gerüstet für das neue größere Europa. Es kennt die Herausforderungen der kommenden Jahre und nimmt sie an. Aber es bietet auch mehr Chancen. Und gerade hier gilt das Wort des früheren Bürgermeisters von Weißwasser: Ich habe keine Probleme, ich habe nur Aufgaben!

All dies und vieles mehr war nicht ohne Mühen und Sorgen, ohne Enttäuschungen und Opfer zu haben. Zu viele Sächsinnen und Sachsen sind ohne Arbeit und häufig ohne Aussicht, neue zu finden. Andere verlassen das Land nicht nur, weil sie neugierig sind auf andere Regionen und Länder, sondern oft, weil sie im eigenen Land keine Chancen sehen. Wenn es auch allen besser geht, so leben doch viele in schwierigen und häufig ärmlichen Verhältnissen. Sie bleiben auf unsere Solidarität und unsere Zuwendung angewiesen, nicht nur auf die finanziellen Leistungen. Auch all denen, denen es besser geht, dürfen sie nicht gleichgültig sein. Die Sachsen haben den vormundschaftlichen Staat sozialistischer Prägung überwunden. Sie dürfen ihm die Rückkehr nicht durch Gleichgültigkeit gegenüber den Ärmeren erleichtern.

Gleichwohl: Die Bilanz ist positiv und sie macht Mut. Diesen Mut werden die Sachsen auch in Zukunft brauchen. Und das Vertrauen in ihr Wissen und Können, welche sie befähigt haben, seit dem 3. Oktober 1990 den Weg in die Freiheit und zur heutigen wirtschaftlichen Entwicklung, kultureller Schönheit und politischer Bedeutung des Landes zu gehen. Für mich macht die Summe dieser ihrer Fähigkeiten das Geheimnis der Sachsen aus. Es wird ihnen auch in Zukunft nicht abhanden kommen. Sie werden es zum Wohle ihres Landes und zum eigenen Wohl weiter wirken lassen. Und sie werden sich dabei immer wieder der Lebensweisheiten erinnern, die in Lore's Law zusammengefasst sind.

Die Autoren

Kurt Biedenkopf

Prof. Dr. jur. Kurt Biedenkopf, Jahrgang 1930, prägte als erster frei gewählter Regierungschef nach dem Fall der Mauer den Wiederaufstieg des Freistaates Sachsen.
Biedenkopf studierte Politische Wissenschaft, Rechtswissenschaft und Nationalökonomie und habilitierte 1963 für Bürgerliches Recht, Handels-, Wirtschafts- und Arbeitsrecht. Seit 1973 hatte er verschiedene politische Ämter in der CDU inne, u.a. als Generalsekretär, Fraktionsvorsitzender des nordrhein-westfälischen Landtags- und Bundestagsabgeordneter.
In seiner 13-jährigen Amtszeit als sächsischer Ministerpräsident gestaltete er seit 1990 den Aufbau des Bundeslandes maßgeblich mit und erlangte damit bundesweit hohes Ansehen für sich und den gesamten Freistaat.

Christoph Keese

Christoph Keese, Jahrgang 1964, ist seit Ende Mai 2004 Chefredakteur der „Welt am Sonntag". Zuvor war Keese Chefredakteur der „Financial Times Deutschland" (FTD), zu deren Gründern er gehörte. Zur FTD war er von der „Berliner Zeitung" gekommen, wo er Geschäftsführender Redakteur und Ressortleiter Wirtschaft war. Der Wirtschaftswissenschaftler ist Absolvent der Hamburger Journalistenschule/Henri-Nannen-Schule. Sein Berufsweg begann bei Gruner + Jahr, wo er als Assistent des Vorstandsvorsitzenden Gerd Schulte-Hillen arbeitete. Keese schreibt vor allem über Wirtschaftspolitik. Er ist Autor des viel beachteten Buches „Rettet den Kapitalismus", das im Februar 2004 im Verlag Hoffmann und Campe erschienen ist.

Sebastian Turner

Sebastian Turner, Jahrgang 1966, ist Partner und Vorstandsvorsitzender der Scholz & Friends AG und einer der meistausgezeichneten Kreativen in Deutschland. Seit 1998 gehört Sebastian Turner dem Vorstand des Art Directors Club für Deutschland (ADC) an, von 2000 bis 2004 als Vorstandssprecher. Seit 2003 ist er Member of the Board des Art Directors Club of Europe (ADC*E). Turner lehrt als Honorarprofessor an der Universität der Künste, Berlin. Er wurde in Clausthal-Zellerfeld geboren. 1985 gründete er Medium Magazin, heute die führende Zeitschrift für Journalisten. 1990 schloss er sein Studium der Politologie, Betriebswirtschaft und Wirtschaftsgeschichte an der amerikanischen Duke University mit dem Master of Arts ab.

Haben Sie weitere Gesetze, die in Lore's Law aufgenommen werden müssten? Bitte schreiben Sie an LoresLaw@s-f.com